读经解典 评估卷

青年主导评估活动指导手册

Youth-Led Evaluation A Guidebook

[美] 罗伯特·舒默 / 著　李雪超 / 译

中国青年政治学院文化素质教育丛书

知识产权出版社
全国百佳图书出版单位

图书在版编目（CIP）数据

青年主导评估活动指导手册/（美）罗伯特·舒默（Robert Shumer）著；李雪超译. —北京：知识产权出版社，2017.10

书名原文：Youth-Led Evaluation A Guidebook

ISBN 978-7-5130-5192-7

Ⅰ.①青… Ⅱ.①罗… ②李… Ⅲ.①青年工作—评估—中国—手册 Ⅳ.①D432.6-62

中国版本图书馆 CIP 数据核字（2017）第 240727 号

内容提要

本书是由美国服务学习发起者之一罗伯特·舒默教授所著，在美国服务学习领域属于经典教材的范本。主要内容为如何对青年人开展的活动进行评估。以实证研究方法为基础，讲述了青年主导评估应如何开展。全书主体部分分为七个章节，主要包括评估的实施、策划、观察、访谈、调查、焦点小组、参与式观察等。详细讲述了社区环境下，青年开展评估的方式方法，具备极高的方法论价值。

责任编辑：栾晓航　　**责任校对：**谷　洋

封面设计：刘　伟　　**责任出版：**刘译文

青年主导评估活动指导手册

［美］罗伯特·舒默　著

李雪超　译

出版发行：	知识产权出版社有限责任公司	网　　址：	http://www.ipph.cn
社　　址：	北京市海淀区气象路50号院	邮　　编：	100081
责编电话：	010-82000860 转 8382	责编邮箱：	luanxiaohang@cnipr.com
发行电话：	010-82000860 转 8101/8102	发行传真：	010-82000893/82005070/82000270
印　　刷：	北京嘉恒彩色印刷有限责任公司	经　　销：	各大网上书店、新华书店及相关专业书店
开　　本：	787mm×1092mm　1/32	印　　张：	2
版　　次：	2017年10月第1版	印　　次：	2017年10月第1次印刷
字　　数：	30千字	定　　价：	18.00元

ISBN 978-7-5130-5192-7

京权图字：01-2017-6794

序

每天都有新生儿诞生，并且一直在成长。在成长的过程中，他们学会了很多事情：阅读、写作、上网、如何融入家庭，如何参与到社区之中。为就业不断地积累知识，最终将会成为一个对社会有贡献的人。

希望他们能够在经验中寻找智慧。有的学者指出，智慧由三部分组成：思辨的知识与技巧（Analytical Knowledge and Skills）、创新的知识与技巧（Creative Knowledge and Skills），以及实践的知识与技巧（Practical Knowledge and Skills）（Sternberg，2003）。这些知识与技巧中也包含着通过评估（Evaluation）进行分析的能力。分析与创造的基础是智力活动，智力活动包含了对所有事情以及所得经验进行评估的能力。提出问题、收集信息、回答问题、判断答案是否正确，这四项重要内容都是如何进行评估的要素。

因此，学习评估是个人在社会中发展的重要环节。评估在教育过程中有着举足轻重的作用，并且能够帮助个人融入社会的各个阶层。非正式评估（Informal Evaluation）（例如决定穿什么衣服或者如何处理亲情友情）与正式评估（Formal Assessment）（例如提出问题、收集数据、分析数据、得出结论）都是生活中不可或缺的工具。因此，帮助青年学习这些事情，对于他们成长为有为之才具有重要意义。

本书的写作初衷是为了让年轻人对评估实操的知识和技巧有一个概括性的了解，并对如何提出问题、搭建调研的框架，设计并执行调研计划以及对所得答案的分析与评估进行了专门的详述。尽管本书针对的是服务学习以及社区参与项目，其所涉及的评估内容几乎可以运用到所有领域。希望这些评估能在小组项目中得以开展，并能够改变社区与个人现状。

我希望这本书能够为评估方法提供指导。希望每一个用到本书的人都能提出宝贵的意见，帮助修改本书，使之完善。更重要的是，我希望人们能够用书中的评估方法对本书进行评估，确定其是否真正解决了评估中遇到的问题，是否还需要再进行完善。

学习如何进行评估对我的帮助很大，同样也希望它能够帮助其他人改善现在的生活。希望人们共同携手，共书美好未来……并了解未来的样子。

罗伯特·舒默

目　录

写作目的

本书写作的目的是希望向年轻人介绍评估活动的整体流程。本书是在参考一些优秀评估实践的基础上写作的，力图用生动形象的方式来吸引青少年读者。虽然本书主要注重的是分析由青年主导的评估活动，但是对于任何想要提升自己评估技能的人也同样适用。本书的内容几乎涵盖了我们在评估活动中会涉及的所有流程，从提出问题和找到研究重点到练习我们的观察技能、进行采访、制作问卷，直到创建焦点团体，本书都会有详细的讲解。

这本手册并不是一本没有实用价值的说教材料，它将会是一本灵活方便的工作手册，指导青少年在课堂上和实践中逐步完善他们的评估技巧，为青少年提供指导性的建议。作者重点介绍了在评估过程中涉及的一系列活动，比如观察、采访、讨论、反馈和回顾。我们十分欢迎老师参与到学生们的评估活动中去，帮助学生掌握评估的初步技巧，让学生们在之后的真正实践中有更好的表现。

本书对于评估活动的介绍将在很大程度上帮助年轻人掌握评估的技能，如果他们想要完全掌握这些技巧，就要在今后的实践中对这些技巧加以反复练习，因为评估活动是一个系统化的过程，如果你学会了这些技巧，你将会终身受用。

这本指导手册对于服务型学习项目有着重要的意义。其中的一个重要意义就在于它将指导服务型学习项目的参与者对自己的项目进行评估，并且把评估也作为他们项目的一部分。学习如何进行评估包含许多内容，包括如何发现有实际意义的问题、如何整合搜集到的资料和数据、如何分析数据得出结果并得到改进项目的建议，这一切的一切都值得项目参与者学习。

学习如何评估的另一大意义则在于评估活动有助于青少年掌握批判性思维。进行评估需要我们将发现的现实问题概念化，然后找到一个方法使得评估得以实现，并估算成本。学习如何进行评估将是一个伴随我们一生的问题，评估活动需要所有想要了解这个世界并让这个世界变得更加美好的人类做出不懈的努力。

罗伯特·舒默

如何进行评估？

评估是什么？

根据英卡塔（微软旗下的百科全书软件）的解释，评估是在价值、质量、适用范围和适用条件等多方面对一个事物进行考察的行为。

联合国教科文组织指出：一个系统性的评估是介入到一个正在计划中的、正在执行的或是已经完成的项目之中，对于项目的相关信息、实施效率、项目效果、实际影响和持续性进行充分了解。评估的目的是检测项目是否体现了在问题制定阶段所提出的精神。

每个人在每一天都会做许多评估。穿什么衣服出门、吃什么食物、做些什么事情，这些都是由你决定的。但是当人们在进行真正的评估活动时，人们往往会查阅许多相关资料，并把自己的想法记录下来，以对事物进行更加深入的研究。

我们的目标就是要帮助你，使你的评估过程可以更系统化，更加正式，同时也希望可以帮助你的评估更加具有思想深度，更加科学严谨，更加具有实际意义。学习去做一个评估者，是需要大量的反复练习的，是一个伴随一生的过程。但是，如同长途旅行一样，它是从一个很简单的步骤开始。这可能是你第一次接触到评估活动，而你所学到的知识将会使你一生受益。

进行一个评估需要我们首先找到一个感兴趣的话题，发现问题，然后制定一个系统化的方法去研究这个问题。举例来说，你可能会想研究在校学生对于学校社团的看法。你可能会询问你的朋友们，在他们回答的基础之上设计调查问卷来继续向其他同学进行调查。你可能会询问他们参加的社团以及他们参加社团的原因。你也可能会要求他们描述在社团中参加的活动和他们最喜欢这个社团的一个原因。制订好调查的计划会令你的研究更加系统化。

你也可能想知道在校学生对于哪个学科的学习问题最多。同样的，你可以询问你的朋友们，在他们的回答的基础之上设计调查问卷来继续向其他同学进行调查。你设计的问卷应该是针对不同年级的，分年级来确定学生需要帮助的科目和他们所希望得到帮助的方法。通过记录信息、提出问题、制作问卷等活动，你将会逐步成为一个更加系统化、有思想、科学严谨的调查者。

下面是一些你可能选择的其他问题，以帮助你开展第一次简单的评估活动：

1. 什么是社区中的老年人最需要的？

2. 孩子们在放学后做的哪些课外活动会危害他们健康？

3. 青少年该怎样做才能使成年人认为青少年对于整个社区的发展有益而不是有害？

你得到了一个想法。你需要提出一些问题并进行分析以使你的评估更加正式和严谨，这样在你寻求答案时，就会更加实用和有效。

在写作目的的介绍中，已经提到评估活动是服务型学习项目中十分重要的一项内容。人们常常不会把评估作为服务型项目的一种，但实际上对于许多组织来说，评估活动都是一项十分重要的服务项目。你可以帮助自己所在的项目小组或者其他项目小组安排或者进行评估活动，这将帮助你提升自己的批判性思考能力，同时也可以为提升项目水平获取更多的有效信息。所以，一定要牢记评估活动也是服务型学习项目中的一项哦!

评估是一个探究的过程

1. 你想知道什么?
2. 你想通过什么途径获取答案?
3. 你想在哪里找到答案?
4. 你将如何收集信息?
5. 你将如何处理收集到的信息?
6. 执行评估活动的最佳途径是什么?
7. 你将与谁分享收集到的信息?你将如何分享?
8. 你该如何评判你的评估活动是否有实际意义?

所有的评估都是一个由探究精神引导的过程。因此，发现一个值得探究的问题就是评估活动中最为重要的方面之一。想要探究的问题可以从两个来源获得。

第一个来源就是从前人已经获得的知识和经验中寻找。这就意味着在研究开始之前，你就已经掌握了一部分相关信息了，你可以通过阅读书籍、进行网络调查或者凭借自己的个人经验找到你所感兴趣的选题。举例来说，假如你在阅读中发现，在甜点方面，相比较饼干，孩子们更喜欢吃蛋糕，你就可以询问一个小组的孩子，什么是他们最喜欢的甜点。你可以制作一份调查问卷，问题的答案可能会包含饼干和蛋糕这两项。在这个例子中，你是在已经知道可能的回答的情况下提出问题的。

而第二种途径则是通过我们的观察和采访，通过大量的数据和信息收集，从而得出选题。假设你想要进行一个服务型学习项目去帮助青少年改善饮食习惯，那么你就应该在开始选题前就了解年轻人在学校时午餐都吃些什么。你可以在午餐时间观察他们，时间是一个月左右，然后在你所观察到的信息的基础上提出一些问题。你可能会发现一些学生会带健康午餐来学校，其中包括全麦面包、水果和蔬菜，而另一些同学则可能会吃炸薯条、汽水和糖果。你也可能会偶尔听到同学们讨论健康食品，认为它们的味道不太好。

在这些观察的基础上，你可能会提出一些问题来进行更深入的研究，你的问题可能会是：

1. 有多少同学会带健康午餐，比如说三明治、水果、蔬菜、牛奶和果汁来学校？

2. 有多少同学会在午餐时吃炸薯条、汽水和糖果？

3. 有多少同学会在午餐时讨论有关健康饮食的话题？

在这里，这些问题是在你观察所搜集到的信息的基础上得出的，而不是由阅读等途径获得的。因此，这些研究过程就会以你自己搜集到的信息作为基础，而不是前人已经获得的知识和经验。

这两种途径各有自己的优缺点。我们应该明白的一点就是我们的问题可以从这两种途径中的任意一种获得。决定你的问题从哪一种途径获得将是你在评估活动中做出的第一个选择。

如何制定方案

评估过程

由于评估是在探究的基础上进行活动，我们选定的问题就成了主导评估活动进行的重要因素。我们提出一个问题，然后搜集信息来回答这个问题。下面是一些对于进行评估实践的指导建议，在开始评估活动之前，大家应该对这些内容有所了解。

在评估活动中，你的第一项任务就是为你的研究制定一个方案。回答下面的问题将会帮助你快速构建一个方案的主要框架。

1. 你想从你研究的问题中得到什么？
2. 你需要搜集哪些信息？
3. 谁将负责搜集这些信息？
4. 你将怎样搜集这些信息？
5. 你将从哪里搜集信息？
6. 你将在什么时间搜集信息？
7. 你将如何分析信息？
8. 你将如何汇报信息分析的结果？

9. 你会将结果汇报给谁？

10. 你将如何利用这个结果？

在你开始设计你的评估计划之前，请先仔细阅读以下的几个步骤，然后再回到第一步来思考你的问题，一步步完善你的计划。

第一步：启动阶段——了解你想要了解的内容

在做任何事的时候，我们都应该按所要做的事的先后顺序排出一张工作表。你可以利用头脑风暴，也就是小组讨论的方式将你们所有需要做的事罗列出来，然后将它们按优先顺序排列。在着手做评估之前，必须确保你们已经充分讨论了所有问题和方法。在这个计划阶段花费的时间将会对你之后的行动有很大的帮助。

> 举例来说，你和你的同学想要针对改善学生的饮食习惯进行一个多层面的服务型学习项目。为了检验这个课题是否实际，我们应该首先了解学生们现在的饮食习惯以及他们对健康饮食的了解情况。我们必须了解我们的研究是否会对他们的饮食习惯产生影响。

现在，你可以提出你想研究的问题了。

我想研究的是：______________________________

____

____

第二步：收集信息——你需要收集哪些信息？

当你确定好你的核心问题，并把这些问题按照重要程度排列好之后，你就需要确定你应该要收集哪些信息以解决这些问题了。

在我们的评估活动中，收集的数据可以分为两种：定量数据和定性数据。定量数据是指那些可以以数值形式进行计算、测量、分类的数据。定量数据常常以图表、表格和曲线图的形式出现。

举例来说，定量数据可以包括有多少人参与了调查，都是什么人参与了调查，他们参与调查的时间，完成事物的数量等。定量数据也可以通过分类的形式来表现，比如男女的比例，大学校和小学校所占的比例等。

定性数据则囊括了几乎所有其他的内容，比如说从观察、采访、文献和焦点团体中获取的信息。定性数据常常以文字、图片、声频和其他能触动人们感官的方式为表现形式。

举例来说，定性数据可以是对于一个活动的文字描述、一份观察报告、一个项目的历史介绍、一个项目的图片展示等。

举例：在我们的饮食习惯研究中会需要哪些数据呢？我们需要收集的数据可能包括：

1. 学生在早餐、中餐和晚餐时分别吃什么？
2. 学生一天会摄入多少卡路里？
3. 学生一天会摄入多少基本食物组？
4. 学生的家庭成员饮食习惯如何？
5. 学生最喜欢的食物是什么？
6. 有什么原因会使他们改变自己的饮食习惯？

这些举例的问题既包括了定量数据，也包括了定性数据。定量数据包括计算卡路里的数量，计算基本食物组的数量，统计家庭其他成员的饮食数量以及参与者的男女比例。而定性数据则包括统计家庭成员养成饮食习惯的原因和研究能使他们改善饮食习惯的因素。这些数据对于推动评估的进行有着重大的意义。

现在请你列出一些你想收集的能够对你的评估有所帮助的数据。

我想收集的数据有：____________________

第三步：如何获取信息？选择一些有效的方法去收集你的信息。

当你确定了你的研究课题和你所要收集的信息之后，你就需要选择一些有效的方法去收集你的信息。

查找信息的方法：

口头收集法

1. 采访项目的参与者以及项目所涉及的社区成员、青少年、老师和成年人。

2. 与焦点团体进行讨论会。

查找文献法

1. 参考项目参与者的日记。

2. 参考社区成员的日记。

3. 参考项目报告。

4. 参考考勤记录。

5. 参考专家报告。

6. 参考该项目的一些前期资料，包括项目的宗旨、指导方针、老师的建议、项目草案等。

问卷法

1. 向项目参与者发放问卷。

2. 向涉及这个项目内容的人发放传单。

3. 向对于这个项目有兴趣的人发放传单。

实验观察法

1. 观察老师、项目管理者、项目成员、学生、社区成员、政府官员。

2. 观察一些特别的项目活动。

3. 观察项目执行者自身。

借助媒体获取信息法

1. 收集照片。

2. 收集视频。

3. 收集录音带。

当你选择了你想使用的收集信息的技巧之后，你就要学习如何去使用它。学习这些技能最简单的方法就是在实践中不断地反复练习和提高自己的技能。这个练习的过程可能需要你付出几个月甚至几年的努力，但是只要你开始做了，你总会最终掌握这些技能的，所以就从现在开始做吧！

在这本指导手册中，我们将学习几种在评估活动中最常使用的收集信息的方法，包括：

1. 观察。

2. 采访。

3. 发放调查问卷。

4. 观察项目参与者自身。

举例说明：在我们的饮食习惯研究项目中，我们应该用哪些方法来收集必需的信息呢？我们可能会这样做：询问一个年级中的一些学生（可能是四年级、八年级或者十一年级中的一个年级），让他们把一天中所吃的食物都记下来。当我们拿到这些信息之后，我们可以把这些信息按照早、午、晚餐分类，或者按照他们所摄入的基本食物组来分类。然后我们可以在这些信息的基础之上设计问卷来调查学生的饮食习惯，询问他们在早、午、晚餐中喜欢吃的食物。

我们可以创建一个焦点团体，在四年级、八年级或者十二年级中选取八个学生参加这个小组。我们可以询问他们每天三餐所吃的食物，以及要怎样做才有可能改变他们的饮食习惯。

我会用以下方法来收集信息：________________

____

____

____

在接下来的章节中，书中将会有一些工作表来帮助你更好地掌握数据统计的方法。

第四步：如何处理你的数据？——理清你所收集的数据

当你从不同的渠道利用不同的方法收集到许多信息之后，你就应该着手去理清你的数据了。如果幸运的话，你在设计研究计划时就应该已经考虑过要用什么方法来展现你的数据了。我们要利用我们的数据对我们提出的问题加以回答，利用不同的数据来展现不同的观点。这就叫作数据分析。我们需要一种方法来分析定量数据，另一种方法来处理定性数据。你需要以一种标准的模式来分析你的数据，以使其他人可以理解你的数据。

评估报告经常以数学术语的形式来展现定量数据。这就意味着你必须利用描述性的统计学原理来对你的数据进行分类，比如统计参与者的平均年龄、每个活动参与的平均人数、参与者的男女比例以及一些其他相关的数据。平均数、众数和中位数常常会在评估报告中出现。而进行这样的数据分析常常需要我们从一些具有专业统计学知识的人那里寻求帮助。你可以找一个在大学中学习数学专业的学生或者一位数学老师来帮助你分析处理这些数据。

你也可以在网络上查找一些参考资料。你可以在网络上搜索“初级统计方法”来寻找简单实用的数据分析方法。你可以向有经验的人学习 Excel 和 Ouattro Pro 等数据分析软件的使用方法，这样将大大简化你的分析过程。你甚至可以查找一些教育出版物来找到一些高校学术水平的数据分析模板，比如美国信息学协会出版的《心理学研究——教师指导手册》。

而分析处理定性数据的方法则是与定量数据完全不同的。分析定性数据需要你找出所收集的信息的共性和特性。在观察中，你可能会发现一、二年级的学生会聚在一起玩游戏，不区分男生女生。而五、六年级的学生则会男女生分开进行活动。无论你在分析哪种渠道收集而来的信息时，你都要寻找信息中所包含的深层意义，寻找事物发展的趋势，利用你的数据来表现事物的特性。你会学会如何利用数据来解释一个现象的成因。所有你得出的结论都来源于你所收集的资料，比如说对于项目参与者言论的引用、项目参与者的笔记以及项目进行过程中所发生的一切。

举例说明：定量数据分析样本

在评估健康饮食项目的过程中，你可能会发现，在参与调查的100个学生中，有40个学生一天吃三餐，有40个学生一天吃两餐，有18个学生一天只吃一餐，有两个学生说他们不吃正餐，只吃零食。你也可能发现，在40个一天吃三餐的学生中，有10个是女生，在40个一天吃两餐的学生中，有20个是女生，在20个一天吃一餐的学生中，有13个是女生，而且那两个不吃正餐的学生也是女生。与其只是将你收集到的信息展示出来，你更应该分组计算平均数。在这个例子中，男生平均一天吃2.45餐，而女生则远远少于男生，这就说明女生所获取的营养可能少于男生。

你可以通过图表的形式来展现你的数据，如下图所示：

	学生总数	一天吃三餐	一天吃两餐	一天吃一餐	不吃正餐	平均每天吃的餐数
参与学生数	100	40	40	18	2	
男生	55	30	20	5	0	2.45
男生所占百分比（%）	55	30	20	5	0	
女生	45	10	20	13	2	1.84
女生所占百分比（%）	45	10	20	13	2	

我们可以从这些数据中发现一些趋势。在参与项目的学生中，55%是男生，45%是女生。在总人数中，有30%是一天吃三餐的男生，有20%是一天吃两餐的男生，有5%是一天吃一餐的男生。在总人数中，有10%是一天吃三餐的女生，有20%是一天吃两餐的女生，有13%是一天吃一餐的女生，有2%是不吃正餐的女生。

我们可以在之后的调查中了解到他们在一天中分别都吃什么食物。我们可以调查他们每天所食用的基本食物组数量，并了解他们在每一餐食用的数量。举例来说，我们可能会发现男生只在晚餐时食用一份蔬菜，而女生则会在晚餐时吃两份蔬菜，在午餐时吃一份蔬菜。所以，即使男生吃的餐数更多，他们所食用的蔬菜也可能少于女生。

定性数据分析样本

在我们的健康饮食习惯调查项目中，我们可以找到一个焦点团体来进行研究。这个焦点团体里的男生的一个观点就是他们不吃蔬菜的原因是不喜欢蔬菜的口味。他们说假如蔬菜的味道更好，比如说变得更甜的话，他们就会愿意吃蔬菜。得到了这个观点，我们就可以着手去寻找带有甜味的蔬菜。我们也可以找到一种方法在烹调中为蔬菜增加甜味。如果我们可以找到带有甜味的蔬菜，那么男生就可能会在用餐时食用更多的蔬菜。假如成功的话，就可以帮助男生改善饮食习惯。

数据分析

（你的数据中所隐含的趋势）

定量数据：

定性数据：

你可以在研究中的任何时间收集信息。调查问卷不一定非要在研究的开始和结束阶段进行。采访、观察、与焦点团体沟通等活动应该是贯穿研究始终的。这样，你才能够对数据进行灵活有效的处理，从而帮助项目的整体提升。

第五步：数据报告——展示你的发现

当你完成数据处理的工作之后，你就应该开始整合数据报告了。数据报告应该包含项目的整体模型和中心思想。你的数据报告应该要帮助其他人：

1. 了解你所研究的项目。

2. 了解你所使用的研究方法。

3. 了解你在研究中的收获。

4. 找到项目存在的可发展点。

你可以在报告中突出你的主题，让其他人明白研究的价值。

举例说明：在我们的饮食习惯研究中，我们可能会跟踪调查一些在校学生，记录下他们在研究开始前会吃的食物，和他们在研究结束后的六个月中所吃的食物，看看是否会发生变化。我们可以研究男生的饮食习惯变化，发现他们在研究开始前不喜欢吃蔬菜，但在研究进行后一天能吃三份蔬菜。这些发现可以帮助我们了解到我们的研究对于学生饮食习惯的变化产生的影响，体现出研究的价值。

面向不同的群体，我们的研究报告应该突出不同的重点。

1. 面对项目的管理团队，我们应该突出讲解定量数据，这会帮助他们了解到项目的影响范围。

2. 面对执行项目的团队，我们应该突出讲解这个项目的可行性和后续发展。利用在采访和问卷中收集到的信息向他们讲解项目未来的发展前景。

3. 而项目的参与者则更想知道他们在项目中扮演的角色，以及要如何做才能使这个项目发挥出最大的价值。他们所感兴趣的数据可能来自于采访、焦点团体研究和调查问卷。

这些报告的写作应该根据受众的不同，侧重于不同的重点。这将有助于人们了解项目的价值，并有助于项目在未来的发展。

数据报告可以用不同的方式来呈现。除了传统的书面报告之外，也可以用多媒体的形式呈现，比如使用 PPT、电子书或者图片展示的形式等。信息也可以通过网络主页和博客共享。如果你采取书面形式来展示你的数据报告，请确保你的报告具有吸引力和实际意义。

我所采用的形式：________________________________

____

____

____

第六步：利用报告来改进现状

著名的评估专家迈克尔·巴顿在 1997 年提出，评估活动的最初目的就是收集信息以改变和提升项目。因此，如果没有人阅读评估报告，甚至没有人愿意听从评估组的建议，这个评估活动就失去了它的价值。

如何利用评估的结果来改善项目，这个问题应该在研究的开始阶段就被高度重视并充分讨论。你们可以询问那些对于这个项目有兴趣的人，问问他们希望评估结果可以为项目带来怎样的转变，这些回答将会对你们的评估活动产生巨大影响。当你决定了评估结果的用途之后，如何收集和分析信息的问题将会迎刃而解。确定评估活动的用途必须作为你整体研究活动的一项重要内容并且发挥它的服务价值。

当你完成了报告写作之后，你可以从你所服务的机构或组织中得到一些反馈。你需要知道谁看了这份报告，他们的意见是什么，他们对评估报告有哪些建议。你可以询问他们，假如他们是这个项目的评估者，他们将会怎样使用这些数据来改善项目。

举例说明：在我们的饮食习惯研究中，我们可以为男生不爱吃蔬菜这一问题找到解决办法。我们可以将我们的发现带到学校的食物科学课程中去，要求学生为我们设计 10 份带有美味蔬菜的午餐食谱。我们可以询问学生这些食谱是否符合他们的口味，看看在实行了新食谱之后有没有更多的学生开始食用蔬菜了。这个步骤将会为我们进入接下来的第七步打下基础，并使我们了解到我们的评估活动会对青少年饮食习惯造成的影响。

我们的打算：________________

第七步：对评估进行评价

评估者必须对自己的评估，包括这个评估过程和结果进行评价。我们必须了解我们的评估项目会对人们产生的影响，从而了解我们的评估活动的价值。我们同样可以利用采访、观察、发放调查问卷等方式来研究评估活动可能产生的影响。

举例说明：我们在饮食习惯调查的最后，可能会发现男生和女生都摄入了大量的脂肪，而对于蔬菜的摄入都不够。我们可以研究我们的评估活动是否对于他们的饮食习惯有所改善。我们可以在评估活动结束的六个月后建立一个焦点团体，来看看评估活动是否改善了他们的饮食习惯。我们可能会在评估活动的结束阶段建议学生每个礼拜称体重，建立减重或增重的计划，在小册子上记下自己体重的变化，同时记下自己每天所吃的食物。我们可以询问这些参与者他们是否改善了体重，是否改善了体脂肪率和饮食习惯。

你可以评估自己在评估活动中的表现，并以此作为模板，鼓励其他项目参与者也进行自我评估。这将会帮助项目参与者和项目本身有更好的发展前景。

我会如何评估自己的评估项目：

观　察

我们都是天生的观察家，我们的一生都在观察。然而，尽管我们知道怎么观察，但在评估过程中的观察则要求我们了解如何观察以及观察什么并且练习在观察中学习。我们将在这里简要介绍几个话题并提供练习观察的技巧。

观察中最大的挑战在于决定观察什么，在任何环境中，总有很多可以看的事物，从观察普遍发生的事物到观察某个个人或行为，观察特定场所和特定事物，决定观察的重点在哪里是很重要的。

下面所设计的练习是观察中的一些重要问题，请利用下面的练习做你的观察记录。

练习

选择一个观察伙伴，最好是在真正观察时能和你在同一地点工作的人。你们将一同记录由你的老师或是成年领队设计的场景或活动的观察记录。

你将观察 20 分钟。

1. 前 10 分钟，你和同伴都要以“广角”模式观察。这就意味着你将要记录在整个场景中所发生的事情，记录尽可能多的细节。记得回答下面的问题。

（1）你观察的场景是怎样的？（大小、颜色、物体）

（2）你观察的场景在哪里？（建筑物的位置、空间等）

（3）有谁在那儿？（人数、性别、着装、年龄、体型等）

（4）何时发生的？（观察的时间、开始活动的时间、主要的活动项目）

（5）当时在做什么？（说话、坐着、站着、移动等）

（6）你能听到什么？（他们在说什么、背景声音）

（7）当时在那里的目的是什么？有什么问题？（他们为什么在那里？存在什么很重要的问题、行为或是值得关注的事情？）

2. 接下来的5分钟，你们将各司其职。一个人继续记录“广角”观察信息，另一个人以“特写”的模式观察某个特定的人或活动。确保你回答了基本问题并且根据所观察的活动思考出更多合适的问题。

3. 在最后的5分钟时间里，交换角色。“特写”模式观察的人现在将以“广角”模式观察，以“广角”模式观察的人现在则以“特写”模式观察某人或行为。然后你和你的同伴将要讨论你们观察的结果。如果两个人看到的事物是相同的，他们的观察结果会有所不同吗？

各组组员将在约20分钟的观察后集体讨论观察的过程，每组组员都有机会展示自己组的观察成果，下面的问题需要得到特别的关注：

（1）观察整个场景的难易程度

（2）观察整个场景和观察特写的区别

（3）何种信息容易获取

（4）何种信息难以获取

（5）为评估目的的观察与恰巧在某处见到某事发生的区别

（6）将你的观察结果与同伴做比较

观察工作表

这张表的目的在帮助你记录观察结论。如果你不知道如何抓住重点，观察将会变得无比困难。这个练习将会帮助你将重心从“广角”模式变换到“特写”模式。

使用这张表格来组织笔记并且帮助你更新信息。每5~10分钟就参考笔记以帮助你回忆事件的发生过程。

评估者：＿＿＿＿＿＿＿＿

日期：＿＿＿＿＿＿＿＿

场地：＿＿＿＿＿＿＿＿

时间：＿＿＿＿＿＿＿＿

观察记录：

广角模式：

观察中的问题：

特写模式：

观察中的问题：

广角模式及特写模式的结果比较：

采　访

采访大概是收集数据最有效的一种方式。如果某些人在某方面是专家，那就和他们交流吧。然而采访时，通常心里已存在特定的采访目的，因而是一种更为正式的交流方式。大多数采访已提出针对某特定事件或话题提出你想了解的问题开始以获取信息。常常，你会在观察过后再采访，使你获取更好更精确的信息。直接和人们交谈是了解他们想法最直接的方式。

你提的问题以及提问的态度决定了你获取的信息是怎样的。正如之前说的那样，评估是在你已经了解了某个话题之后再进行提问的基础上开始的。还有一种更为能动的方式，就是采访对象制定问题并确定他们想要回答。

正式采访

在进行正式采访之前，你需要提前准备问题。在采访中你只需要提出你想要了解的问题。

正式采访的建议

1. 告诉受访者你希望采访持续的时间并且尽可能按计划完成。

2. 在采访中进行眼神交流。

3. 在受访者们交谈的时候简要记录，采访完后补齐记录。

4. 如果受访者同意，你可以将采访录音。

5. 在受访者回答完所有问题并得到你满意的答案后结束采访。

6. 感谢他们抽出时间参与你的评估。

7. 确保在采访完后尽快补齐记录以免忘记采访内容。

29~30 页的工作表将会帮助你练习正式采访。

非正式采访

在非正式采访中，只须提几个问题就可以开始你和受访者的交谈。非正式采访更像是普通的谈话，你往往根据对方的言论提出新问题。

非正式采访的建议

1. 你需要多进行这类采访，因为你必须临场想出要提的下一个问题。

2. 确保当受访者诉说时你记录下了问题，并且作为谈话的一部分立刻向他们提问。

3. 有时候非正式采访发生在现实中的社交场所，因此你们的交流不会被认为不同寻常。

31~32 页的工作表会帮助你练习非正式采访。

采访工作表——正式（有计划的）采访

这项活动目的在于练习正式（有计划的）采访。在正式采访中，你只须提出与事先决定的话题相关的问题并听取回答。正式采访的优点之一在于向每个受访者提出的问题相同，从而可以比较他们的回答。在做所有的定性评估时，尽量记录下收集数据所需要的时间。有时间参考会帮助你记住问题的顺序以及采访流程。每 10 分钟左右做一次时间记录。

采访者：________________

采访对象：________________

采访地点：________________

采访时间（开始）：____________（结束）：________

采访计划（采访问题）：

1. ________________

____

2. ________________

____

3. ________________

____

4. ________________

____

5. ________________

____

6. ________________

____

采访记录：

1.

2.

3.

4.

5.

补充记录：

采访反馈：

1. 受访者的答复和我所期望的是否相一致？

2. 答复中有什么新信息或新观点？

3. 我应该问什么样的后续问题以获得更多细节？

4. 受访者是否诚实回答了问题？

是什么表明他们并没有诚实地回答问题？

5. 我对采访的感受如何，是否顺利进行，我是否获得了我想获取的信息？

采访工作表——非正式（部分计划的）采访

非正式采访的目的在于让受访者自由随意地针对特定话题或事件发表观点。你提出有限的问题，所以受访者能根据你的问题选择他们想说的自由发表见解。这种采访下，受访者往往更加诚实。这种采访往往更难进行，因为它需要你时刻思考如何从这一话题引入更深的话题，并且得到更多的回答。这个过程在提出问题和获取答案的方式下进行。

在非正式采访中，你需要时刻记录下从谈话中想到的任何问题，并在交流过程中及时记录下来。

采访者：________________

采访对象：________________

采访地点：________________

采访时间（开始）：________ （结束）：________

采访计划（采访问题）：

1. ________________

____

2. ________________

____

记录：

从应答中想到的问题：

记录（持续更新）：

从应答中想到的问题：

记录（持续更新）：

从应答中想到的问题：

采访分析

在采访结束后，不论是正式或非正式采访，回答下面问题。

1. 受访者给出的关于话题的基本信息是什么？

2. 有新信息或者是你没有想到的应答吗？

3. 你对采访的感受如何，你有没有问出一些使谈话深入进行的好问题？

4. 你所收集的定性信息有什么，定量的有什么，记录下你的成果？

5. 有没有你想要问的其他问题？

6. 还有没有在这个问题上你想采访以获得更多信息的人？

7. 你会问那个人什么问题？

调　查

为评估做调研很有乐趣，尽管做调研比看起来要更复杂一些。任何人都可以写一些问题去问别人，但是好的评估者做的远不止这个。他们会考虑想要从受访者身上学到的东西，仔细清晰地写下问题，以便于受访者理解。并且他们会做许多的准备工作以保证能达到预期。换句话说，调研工作需要做很多思考与准备工作。当你取得一个好的调研结果时，它们总是很有趣并且会为所研究的话题提供很重要的信息。

这部分内容不是研究生调研课程的替代品。有的人用毕生精力参与调研评估并成为专家。这个指南设计的目的在于让你了解调研过程且希望能找到从别人那里获得信息的乐趣。

调研的方式有许多种，下面是最常见的三种：

1. 向他人询问某件事的观点。

2. 和他人分享信息。

3. 向他人提问以引起其对某件事的关注。

你可以根据你想要收集的信息确定你要采取的调研方式，根据下面的步骤来设计调研：

1. 准备一张你想要探讨的问题或是想法的观念图。例如，如果你想要了解青少年在闲暇时间会做些什么，你也许会列出所有你能想到的与问题相关的条目（目录）。你也许想要问他们下课后做什么，周末做什么（或者不在学校的时候），他们和朋友一起时做什么，他们和父母、看护人、成年朋友一起做什么，做什么事情是危险的，什么事情是有趣的。这些就是你的想法。

2. 充实你的问题。写下你认为最重要的问题，再找出你想要优先使用的问题。将你的问题以调研的格式组织起来。

3. 保证你的用词适用于你的调研人群。不要询问儿童很难的问题或者使用他们无法理解的语言或词汇。

4. 决定如何让应答者回答问题：是与否；数值尺度（也叫利开特式量表，用一定范围的数字表示等级，例如，1 到 5）；多选（a，b，c，d）；价值尺度（糟糕到完美）；或者其他能使你获取信息的方式。确保你的评定方式是一致的（用一种尺度，例如，糟糕的是 1，完美的是 5），等级尺度不对应会使受访者不明所以。

5. 选择你希望调研的人群。

6. 将少数熟悉你调研对象的人作为测试对象，看他们是否明白你提出的问题并知道如何回答，以及是否知道你提问的意图。

7. 根据反馈信息修改调研问题并确定终稿。

8. 总要在得到允许后再进行调研，确定你的受访者以及给予适当的允许（或获得父母的同意）。

9. 记住，速度按你的调研时间。你的调研问题不能超过几页纸，并且受访者能在 5~10 分钟内完成。

10. 尽量从能反馈给你有用信息的人群中获取信息，这样能帮助你更好地理解一个话题或是问题。确保你询问的对象直接参与了讨论或是对话题有所了解。例如，你想知道，男孩喜欢女孩的哪些特质，那么就去问男孩；但若是去问女孩，她们认为男孩喜欢她们哪些方面也是可以的。你甚至可以去问老师，家长或是其他在男孩女孩关系问题上有不同见解的人。

调研表样本

这张表的设计目的在于帮助你思考调研过程，从最初阶段的调研设计到最后阶段根据调研结果提交报告。根据基本步骤，在需要修改的地方适当修改。

第一步：选择你想要调研的主题或话题。

第二步：列出你认为主要的适合提问的观点和问题。为每一个想法和问题制作一张观念图，决定需要添加到问题中的构想。你可以将观念图画在这里：

问题：

第三步：为你的问题设计一种格式，确定如何组织问题：是或否，等级尺度，简短回答，多选等，用你选择的形式回答问题。

第四步：设计实际调研，包括解释受访者对问题的反应，他们将如何回答问题等，使用单独一张纸。

第五步：将少数熟悉你调研对象的人作为测试对象，在他们完成调研问题之后，针对问卷里的每一个问题向他们提问。看他们是否明白你提出的问题，知道如何准确地回答以及是否了解调研的内容；并且问一些能够帮助你决定你的调研问题是否准确并且能够为你正在研究的问题提供优质信息的必要问题。

第六步：根据你的测试结果，修改问题，并且确定你最终要使用的调研问题。

第七步：对你选择的调查对象进行问卷调查。确保你的问卷已经分派下去以便得到最佳反馈。邮件调研往往得到的回应最少，直接下发，当面完成的问卷往往有最高的反馈率。你也可以使用在线问卷系统，例如 Surveymonkey，这使你能够通过网络收集信息。

第八步：分析调研中收集到的信息。和对调研过程比较了解并有所见解的人讨论分析结果。你通常都能在你的学校或者一个社团组织中找到懂得分析调研数据的人，你将定性分析数据并讨论数据走向。

第九步：将你的数据写下或者展示给对调研结果感兴趣的读者并获得他们关于如何改善和修改项目的建议。人们会希望你写一篇关于你的调研报告，叙述你是如何选题，如何组织调研，如何完成调研，调研结果显示了什么以及如何将调研数据运用到项目的修改和完善上。

第十步：和你的同事、伙伴以及参与制定和完成整个调研项目的人员一同评估调研，找出调研中的优点与不足。

目标小组

目标小组建立是评估过程中有趣又有成效的部分。正如名字表述的那样，目标小组就是一种针对某个特点话题相关的问题进行的小组讨论。目标小组：

1. 通常由受邀参会的人组成。

2. 围绕几个与话题相关的问题而构建。

3. 通常是 8~10 人的小规模，使成员间得以充分交流。

4. 在一个相对确定的时间内开会，大约 30 分钟至 1 小时。

5. 通常进行非正式会议（提供饮料和食品使参会者感到舒适轻松）。

建立目标小组是一种能从对某一话题相对了解的人那里获取特定信息的良好方式。它基于某个特定目标而组建，组员是来自于不同背景和观念的人，或是基于对某个话题或形势的共同理解而聚集在一起。

像大多数评估的方法一样，要成为一个优秀的目标小组组建者是需要时间的，你需要练习通过一系列简短的问题引导小组成员，你带领的小组越多，就越容易推动整个进程。

目标小组一般由两位组建者带队，其中的一位负责组织会议，另一位负责记录。值得注意的是，对整个对话进行录音或是记录是很重要的，在会议结束之后，还要做好分析以理解会议所传达的想法。

要建立目标小组，有很多优质资源可以参考。在网上搜索这个话题或是使用手册附带的资料均可。

目标小组（会议）流程

按照以下步骤进行目标小组会议。组织越多的会议，你就对会议流程越熟悉（尤其是通过确定会议内容推动会议进程）。

第一步：选定目标小组讨论的话题或主题并且和你的同伴或是指导教师商讨。一旦确定了主题，就决定你想邀请参会的人员。

第二步：想出一些问题引导讨论，通常不多于 4~5 个。你可以将这些问题随邀请一同发给参会者，或是至少在会议上展示出来。让参会者知道他们参会的原因以及讨论的主题是很重要的。

第三步：为开会做好所有场地安排，包括：

1. 预订场地。

2. 邀请参会人员。

3. 安排讨论组织者以及记录人员。

4. 放置食物和饮料。

5. 准备材料，例如座签、会议记录用纸、笔、会议笔记的表格等。

6. 准备录音机和空白磁带。

7. 其他安排。

第四步：在约定的时间进行会议，确保参会者在开会时感到舒服自在，确保你遵守了会议的时间安排，并且感谢参会者百忙中抽出时间到场，告诉他们你会为他们提供会议讨论内容的报告。

第五步：你可以安排其他人在根据正式会议讨论的基础上参与后续会议。多种会议上的不同观点有助于更深入地了解某个话题。

第六步：分析会议记录并试图形成图案或区域理解。形成图案理解要求你将不同人提出的相同主题或观点集中起来。你也许会发现一个问题或是一个话题在会议中被反复提起，例如一个人或是一个地方延误了会议进程。你在目标小组中的作用在于过滤所有的言论，只留下对于你所研究的话题能从不同角度增进理解的那部分。

第七步：在目标小组会议讨论内容与结果的基础上完成报告，和参会者及其他对此感兴趣的人分享。就像非正式采访一样，组建目标小组会锻炼你的临场反应能力以及提高在会议中提出合适恰当问题的水平。你能让参会者越多地讨论话题的重点，就能够越多地获取你所要了解的信息。

参与观察者

当你既是观察者又是参与者的时候，是做评估的难得的机会。在大多数青少年项目中，青少年都既是参与者又是观察者，你最重要的任务是参与（在参与过程中），你既获得了第一手经验，又观察到了其他人在做什么。

作为参与观察者，你要写日志或是日记，持续记录下你的行为、感觉以及对活动的个人反应。在某种意义上，是在了解和记录自己。你要持续发问：“我在做什么；我喜欢或是不喜欢项目中的哪一方面；我需要做什么改变；我该如何改变它？”所有这些问题都意图帮助你辩证地看待这个项目和你自己的经历。作为一个参与观察者，你会从自身经验出发评判这个项目或是活动。

你同时也需要观察和询问他人的经历。你可以问他们你曾问过自己的问题，关注项目中哪些地方起作用，什么没有效果，学习到了什么，有什么感觉，会做什么来推动项目发展。作为项目中的参与伙伴，你能够拥有领导或是评估项目的成年人难以获得的信息和经历。好的参与观察者能够为项目评估提供别人无法获取的信息。

作为参与观察者，要获得独家信息需要你拥有额外的责任心和警觉性。在你做评估时，你决不能公开收集到的保密信息，否则你可能侵害到他人的隐私权。作为参与者及信息的考察和记录者，你的特殊身份以及你和同伴间特殊关系都是至关重要的。你绝不会希望被看作背信弃义，泄露个人隐私的人。

给参与观察者的建议

做一个参与观察者，要求你具备反应能力，也就是说总是会询问关于参与项目或活动的评估性问题。同时也需要你在项目中对同伴诚实，逐渐获取他们的信任，向他们证明你绝不会做危害他们安全或是阻碍他们大显身手的事情。你不会告密或是泄露信息，从而影响他人在组织中的位置。这也意味着你在记录信息时需要谨慎，要确定你记录的数据有助于项目的发展（尽管有些机会是建设性的、至关重要的）。

作为一名参与观察者，你需要定期记录下你的经历。记录是要以对行为的描述开始，包括活动发生的顺序，再到对活动的评论。你也许会想要在你的日记或是周记中回答下列问题或是记录下关于项目、组织或是活动的其他合适的相关的问题。

问题：

1. 我今天做了什么？
2. 我今天学习了什么，我是如何学到的？
3. 有什么有趣的，有启发性的事情吗？
4. 有没有什么无趣的事情？
5. 今天最具挑战性的事情是什么？
6. 成年人或是指导员能做何种改变使得活动更好并且更

容易被理解？

7. 我让做什么是项目更好或是更有效？

你也可以问一下你的同伴基本问题，当作你参与活动的一部分。这其中可以包括：

1. 你今天或是这周参与了什么活动？

2. 今天的项目或是活动中有哪些部分你喜欢或是不喜欢？

3. 你学到了什么，又是如何学到的？

4. 你今天做的最有趣的或是你最有兴趣的事情是什么？

5. 它为什么有趣？

6. 如果是你经营项目的话，你会做出什么改变使它变得更好？

7. 你个人能做什么使项目变得更好？

在活动结束后尽快记录以免忘记发生的事情和你的感受。记录应当是不打扰他人的，这样你就不会耽误活动正常的进度。

准备一份你在某时某地参与项目时的个人经历和观察报告，以便及时对项目进行调整和修改。确保你和项目中的成年人以及其他青少年保持良好的关系，使他们接受你的反馈。避免在参与评估活动时被误以为你会损害团队的完整和良好发展，从而影响你在团队中的位置。

参与观察是一种个人参与评估的独特方式。你会发现在你努力成为一个更好的评估者的过程中这会是一次颇有收获的体验。

一些最后的话

这本手册旨在帮助你了解评估过程以及如何积极参与评估，让你思考如何评估以及通过这一活动在日常生活中学到其他更多东西。学会评估的过程也让你学习成为一个批判地能动的人。

这里有一个重点没有具体谈到，就是道德标准及他人允许在做评估时的作用。除非他人意识到正在进行评估并且同意参与，否则评估是不合适、不恰当的。在你参与观察评估时比较麻烦的事情是，提前通知并且得到评估对象（调查对象）的允许并不容易。在可（提前）计划的情况下，如开展采访、调查以及重点小组会议时，提前获得允许是很重要的。有很多同意书的例子可以参考。你可以在网上搜索研究或评估同意书，也可以使用已有的样本，如《科学展览的心理调查》的样本。

做评估是很有趣又有教育意义的。它使你用不同方式看这个世界，并且对那些需要收集信息并进行分析的事物不断提出疑问。这不仅适用于你的项目或课题，同时也适用于生活。希望在参与项目评估之后，你能成为一个更有爱的家庭成员、伙伴、公民、父母以及生命旅程中的旅行者，因为你拥有了知识、能力以及不断提问的习惯。

这本手册旨在帮助你更好地理解评估过程。如果你第一次尝试不如预想中的好，也不要灰心。从失败中学习并且重头再来。在你不断提高能力和技能的同时，你会发现整个过程愈发顺利，你也更有信心成为一位优秀的评估者。

不论发生什么，不要放弃。就像生活中大多数事情一样，都是熟能生巧。希望你的评估技能不断提高。

资　料

书籍资料

[1] Chalwa, L. (ed.) (2002). *Growing up in an urbanizing world.* London: Earthscan.

[2] Checkoway, B., & Richards-Schuster, K. (2003). Youth participation in community evaluation research. *American journal of Evaluation, 24,* 21-33.

[3] Cousins, J. B., & Earl, L. (1995). *Participatory evaluation in education: Studies in evaluation use and organizational learning.* London: Falmer Press.

[4] Fetterman, D. (2000). *Foundations for empowerment evaluation.* Newbury Park, CA: Sage Publications.

[5] Kreuger, R. (1988). *Focus groups: A practical guide for applied research.* Newbury Park, CA: Sage Publications.

[6] London, J. (Summer 2000). *Youth-led research, evaluation, and planning. The experience of youth in focus.* Focal Point.

[7] Patton, M. Q. (1997). *Utilization focused evaluation.* Thousand Oaks, CA: Sage Publications. Edition 3.

[8] Sabo, K. (ed.) (Summer 2003). Youth participatory evaluation: A field in the making. *New Directions for Evaluation* (American Evaluation Association). San Francisco, CA: Jossey-Bass, Number 98.

[9] Stake, R. (1995). *The art of case study research.* Thousand Oaks, CA: Sage Publications.

[10] Whyte, W. F. (1991). *Participatory action research.* Newbury Park, CA: Sage Publications.

评估指导

[1] Checkoway, B., & Richards-Schuster, K. (n.d.). *Facilitator's guide for participatory evaluation with young people.* Ann Arbor, MI: University of Michigan School of Social Work.

[2] Checkoway, B., & Richards-Schuster, K. (n.d.). *Participatory evaluation with young people.* Ann Arbor, MI: University of Michigan School of Social Work.

[3] Institute for Community Research. (2000). *Participatory action research: Curriculum for empowering youth.* Hartford, CT: Author.

[4] The American Psychological Association Teachers of Psychology in Secondary Schools (n.d.). *Conducting psychological research for science fairs: A teacher's guide and resource manual.* Author.

[5] *Youth REP: Step by step: An introduction to youth-led research and evaluation.* (2002). Oakland, CA: Youth In Focus.

网站

[1] Center for Popular Education and Participatory Research, UC-Berkeley
www.cpepr.info/

[2] Center for Youth As Resources
www.yar.org.

[3] Online Clearinghouse for Youth Participation
www.AtTheTable.org

[4] Program for Youth and Community, University of Michigan, Ann Arbor, Ml
www.youthandcommunity.org

[5] The Institute for Community Research
www.incommunityresearch.org/research/yari.htm

[6] Youth In Focus, San Francisco, CA
www.youthinfocus.net.

关于作者

罗伯特·舒默，博士，美国“服务学习”的先驱者、推广者、实践者。参与服务学习和社区参与项目已有37年，曾任美国服务学习中心创会理事和前任主管、明尼苏达大学实验教育和服务学习中心理事。现任加州大学洛杉矶分校（UCLA）田野调查指导，开设有服务学习、国家服务、国民教育等课程。发表期刊论文75篇以上，内容涉及服务学习、青年发展、参与式评估与公民参与等。近年，在新加坡、台湾、香港、北京及广州等地开展多个项目，成果颇丰。

2013年被聘为中国青年政治学院研究生实习实践导师，开设《青年评估与社区参与》《社区环境下的社区参与、服务学习与参与式评估》等课程。同时担任中国青年政治学院研究生实习实践工作坊指导、研究生实践教育工作坊指导、研究生实践教育中心顾问等，是“服务学习”在中国的播种者与传道人。

后　　记

我校较早的在国内高校进行了“服务学习”的探索与实践。重温播种的过程，我们喜忧参半，既积累了经验教训，也获得了丰硕的果实。中国青年政治学院从2011年起在本科生中开设服务学习课程，重视对学生服务社会意识的培养，不遗余力地在通识教育和实习实践课程方面进行改革创新，为深化服务学习奠定了基础。2013年学校“服务学习”的教学实践在研究生教育层面展开，还设立了服务学习与研究生教学模式改革项目。服务学习与教育教学改革再上新台阶。

几年来，在罗伯特·舒默教授指导下，建成了“走进社区：社区环境下的服务学习与参与式评估”　“让青年参与——服务学习与参与式评估”两门课程，完善了服务学习的过程。使学生能够利用在课堂上学习的知识服务社会，通过课堂讲解、参与社区服务、案例分享、个人反思、团队合作、自我评估，达到服务学习的目标。我们每年还举办2~3次教师工作坊，构建了服务学习的师资队伍，使服务学习的教学实践，社区服务有了重要保障。鼓励教师们参与国内外服务学习的交流与研究，发表研究文章不断。

在引进服务学习的文献方面，我们做了一点开创性工作。2013年我们资助翻译出版了斯坦福大学 Timothy k. S 教授的著作《服务学习——先驱们对起源、实践与未来的反思》，作为中国青年政治学院文化素质教育丛书“读经解典”的实践篇，近两年我们以罗伯特·舒默教授的《青年主导评估》为英文教材，开设了服务学习与参与式评估的课程。为了推广课程，丰富服务学习的中文文献资料，我们资助出版了第二本书，作为《服务学习——先驱们对起源、实践与未来的反思》的姊妹篇，也作为中国青年政治学院文化素质教育丛书“读经解典”的评估篇。

原著篇幅不长，是关于社区参与项目自我评估的指导手册，尤其是“青年主导实施社区参与项目评估”的视角在国内服务学习领域可谓拓荒之作。我们希望本书能丰富国内服务学习的文献，为国内高校开展服务学习的教学、研究与实践提供有益的工具，给广大读者带来关于现代服务学习与实践教育的思考。

王文

2017 年 10 月 16 日